# This journal belongs to:

••••••••••••••••••••••••••••••••••••••••••••••••••

# Personal Expense Tracker

| Month: | | | Year: |
|---|---|---|---|
| **Date:** | **Description Of Expense:** | **Payment Type:** | **Amount:** |
| | | | |
| | | | |
| | | | |
| | | | |
| | | | |
| | | | |
| | | | |
| | | | |
| | | | |
| | | | |
| | | | |
| | | | |
| | | | |
| | | | |
| | | | |
| | | | |

# Personal Expense Tracker

| Month: | | | Year: |
|---|---|---|---|
| **Date:** | **Description Of Expense:** | **Payment Type:** | **Amount:** |
| | | | |
| | | | |
| | | | |
| | | | |
| | | | |
| | | | |
| | | | |
| | | | |
| | | | |
| | | | |
| | | | |
| | | | |
| | | | |
| | | | |
| | | | |
| | | | |
| | | | |

# Personal Expense Tracker

**Month:** | **Year:**

| Date: | Description Of Expense: | Payment Type: | Amount: |
|---|---|---|---|
| | | | |
| | | | |
| | | | |
| | | | |
| | | | |
| | | | |
| | | | |
| | | | |
| | | | |
| | | | |
| | | | |
| | | | |
| | | | |
| | | | |
| | | | |
| | | | |

# Personal Expense Tracker

| Month: | | | Year: |
|---|---|---|---|
| Date: | Description Of Expense: | Payment Type: | Amount: |
| | | | |
| | | | |
| | | | |
| | | | |
| | | | |
| | | | |
| | | | |
| | | | |
| | | | |
| | | | |
| | | | |
| | | | |
| | | | |
| | | | |
| | | | |
| | | | |
| | | | |

## Personal Expense Tracker

| Month: | | | Year: |
|---|---|---|---|
| Date: | Description Of Expense: | Payment Type: | Amount: |
| | | | |
| | | | |
| | | | |
| | | | |
| | | | |
| | | | |
| | | | |
| | | | |
| | | | |
| | | | |
| | | | |
| | | | |
| | | | |
| | | | |
| | | | |
| | | | |

# Personal Expense Tracker

| Month: | | | Year: |
|---|---|---|---|
| Date: | Description Of Expense: | Payment Type: | Amount: |
| | | | |
| | | | |
| | | | |
| | | | |
| | | | |
| | | | |
| | | | |
| | | | |
| | | | |
| | | | |
| | | | |
| | | | |
| | | | |
| | | | |
| | | | |
| | | | |

# Personal Expense Tracker

| Month: | | | Year: |
|---|---|---|---|
| **Date:** | **Description Of Expense:** | **Payment Type:** | **Amount:** |
| | | | |
| | | | |
| | | | |
| | | | |
| | | | |
| | | | |
| | | | |
| | | | |
| | | | |
| | | | |
| | | | |
| | | | |
| | | | |
| | | | |
| | | | |
| | | | |

# Personal Expense Tracker

| Month: | | | Year: |
|---|---|---|---|
| Date: | Description Of Expense: | Payment Type: | Amount: |
| | | | |
| | | | |
| | | | |
| | | | |
| | | | |
| | | | |
| | | | |
| | | | |
| | | | |
| | | | |
| | | | |
| | | | |
| | | | |
| | | | |
| | | | |
| | | | |
| | | | |

# Personal Expense Tracker

| Month: | | | Year: |
|---|---|---|---|
| **Date:** | **Description Of Expense:** | **Payment Type:** | **Amount:** |
| | | | |
| | | | |
| | | | |
| | | | |
| | | | |
| | | | |
| | | | |
| | | | |
| | | | |
| | | | |
| | | | |
| | | | |
| | | | |
| | | | |
| | | | |
| | | | |

## Personal Expense Tracker

| Month: | | | Year: |
|---|---|---|---|
| **Date:** | **Description Of Expense:** | **Payment Type:** | **Amount:** |
| | | | |
| | | | |
| | | | |
| | | | |
| | | | |
| | | | |
| | | | |
| | | | |
| | | | |
| | | | |
| | | | |
| | | | |
| | | | |
| | | | |
| | | | |
| | | | |
| | | | |

# Personal Expense Tracker

| Month: | | | Year: |
|---|---|---|---|
| **Date:** | **Description Of Expense:** | **Payment Type:** | **Amount:** |
| | | | |
| | | | |
| | | | |
| | | | |
| | | | |
| | | | |
| | | | |
| | | | |
| | | | |
| | | | |
| | | | |
| | | | |
| | | | |
| | | | |
| | | | |
| | | | |

# Personal Expense Tracker

| Month: | | | Year: |
|---|---|---|---|

| Date: | Description Of Expense: | Payment Type: | Amount: |
|---|---|---|---|
| | | | |
| | | | |
| | | | |
| | | | |
| | | | |
| | | | |
| | | | |
| | | | |
| | | | |
| | | | |
| | | | |
| | | | |
| | | | |
| | | | |
| | | | |
| | | | |
| | | | |

# Personal Expense Tracker

| Month: | | | Year: |
|---|---|---|---|
| **Date:** | **Description Of Expense:** | **Payment Type:** | **Amount:** |
| | | | |
| | | | |
| | | | |
| | | | |
| | | | |
| | | | |
| | | | |
| | | | |
| | | | |
| | | | |
| | | | |
| | | | |
| | | | |
| | | | |
| | | | |
| | | | |
| | | | |

# Personal Expense Tracker

| Month: | | | Year: |
|--------|--|--|-------|

| Date: | Description Of Expense: | Payment Type: | Amount: |
|-------|------------------------|---------------|---------|
| | | | |
| | | | |
| | | | |
| | | | |
| | | | |
| | | | |
| | | | |
| | | | |
| | | | |
| | | | |
| | | | |
| | | | |
| | | | |
| | | | |
| | | | |
| | | | |
| | | | |

# Personal Expense Tracker

| Month: | | | Year: |
|---|---|---|---|
| Date: | Description Of Expense: | Payment Type: | Amount: |
| | | | |
| | | | |
| | | | |
| | | | |
| | | | |
| | | | |
| | | | |
| | | | |
| | | | |
| | | | |
| | | | |
| | | | |
| | | | |
| | | | |
| | | | |
| | | | |
| | | | |

# Personal Expense Tracker

| Month: | | | Year: |
|---|---|---|---|
| Date: | Description Of Expense: | Payment Type: | Amount: |
| | | | |
| | | | |
| | | | |
| | | | |
| | | | |
| | | | |
| | | | |
| | | | |
| | | | |
| | | | |
| | | | |
| | | | |
| | | | |
| | | | |
| | | | |
| | | | |
| | | | |

# Personal Expense Tracker

| Month: | | | Year: |
|---|---|---|---|
| **Date:** | **Description Of Expense:** | **Payment Type:** | **Amount:** |
| | | | |
| | | | |
| | | | |
| | | | |
| | | | |
| | | | |
| | | | |
| | | | |
| | | | |
| | | | |
| | | | |
| | | | |
| | | | |
| | | | |
| | | | |
| | | | |

# Personal Expense Tracker

| Month: | | | Year: |
|---|---|---|---|
| **Date:** | **Description Of Expense:** | **Payment Type:** | **Amount:** |
| | | | |
| | | | |
| | | | |
| | | | |
| | | | |
| | | | |
| | | | |
| | | | |
| | | | |
| | | | |
| | | | |
| | | | |
| | | | |
| | | | |
| | | | |
| | | | |
| | | | |
| | | | |

# Personal Expense Tracker

| Month: | | | Year: |
|---|---|---|---|
| Date: | Description Of Expense: | Payment Type: | Amount: |
| | | | |
| | | | |
| | | | |
| | | | |
| | | | |
| | | | |
| | | | |
| | | | |
| | | | |
| | | | |
| | | | |
| | | | |
| | | | |
| | | | |
| | | | |
| | | | |
| | | | |

# Personal Expense Tracker

| Month: | | | Year: |
|---|---|---|---|
| Date: | Description Of Expense: | Payment Type: | Amount: |
| | | | |
| | | | |
| | | | |
| | | | |
| | | | |
| | | | |
| | | | |
| | | | |
| | | | |
| | | | |
| | | | |
| | | | |
| | | | |
| | | | |
| | | | |
| | | | |
| | | | |

# Personal Expense Tracker

**Month:** | **Year:**

| Date: | Description Of Expense: | Payment Type: | Amount: |
|-------|------------------------|---------------|---------|
|       |                        |               |         |
|       |                        |               |         |
|       |                        |               |         |
|       |                        |               |         |
|       |                        |               |         |
|       |                        |               |         |
|       |                        |               |         |
|       |                        |               |         |
|       |                        |               |         |
|       |                        |               |         |
|       |                        |               |         |
|       |                        |               |         |
|       |                        |               |         |
|       |                        |               |         |
|       |                        |               |         |
|       |                        |               |         |
|       |                        |               |         |

# Personal Expense Tracker

| Month: | | | Year: |
|---|---|---|---|
| **Date:** | **Description Of Expense:** | **Payment Type:** | **Amount:** |
| | | | |
| | | | |
| | | | |
| | | | |
| | | | |
| | | | |
| | | | |
| | | | |
| | | | |
| | | | |
| | | | |
| | | | |
| | | | |
| | | | |
| | | | |
| | | | |

# Personal Expense Tracker

| Month: | | | Year: |
|---|---|---|---|
| **Date:** | **Description Of Expense:** | **Payment Type:** | **Amount:** |
| | | | |
| | | | |
| | | | |
| | | | |
| | | | |
| | | | |
| | | | |
| | | | |
| | | | |
| | | | |
| | | | |
| | | | |
| | | | |
| | | | |
| | | | |
| | | | |

# Personal Expense Tracker

| Month: | | | Year: |
|---|---|---|---|
| **Date:** | **Description Of Expense:** | **Payment Type:** | **Amount:** |
| | | | |
| | | | |
| | | | |
| | | | |
| | | | |
| | | | |
| | | | |
| | | | |
| | | | |
| | | | |
| | | | |
| | | | |
| | | | |
| | | | |
| | | | |
| | | | |

# Personal Expense Tracker

| Month: | | | Year: |
|--------|--------------|--------------|---------|
| Date: | Description Of Expense: | Payment Type: | Amount: |
| | | | |
| | | | |
| | | | |
| | | | |
| | | | |
| | | | |
| | | | |
| | | | |
| | | | |
| | | | |
| | | | |
| | | | |
| | | | |
| | | | |
| | | | |
| | | | |
| | | | |

## Personal Expense Tracker

**Month:** | **Year:**

| Date: | Description Of Expense: | Payment Type: | Amount: |
|---|---|---|---|
| | | | |
| | | | |
| | | | |
| | | | |
| | | | |
| | | | |
| | | | |
| | | | |
| | | | |
| | | | |
| | | | |
| | | | |
| | | | |
| | | | |
| | | | |
| | | | |
| | | | |

# Personal Expense Tracker

| Month: | | | Year: |
|--------|--------------------------|---------------|---------|
| Date: | Description Of Expense: | Payment Type: | Amount: |
| | | | |
| | | | |
| | | | |
| | | | |
| | | | |
| | | | |
| | | | |
| | | | |
| | | | |
| | | | |
| | | | |
| | | | |
| | | | |
| | | | |
| | | | |
| | | | |
| | | | |

# Personal Expense Tracker

| Month: | | | Year: |
|---|---|---|---|
| Date: | Description Of Expense: | Payment Type: | Amount: |
| | | | |
| | | | |
| | | | |
| | | | |
| | | | |
| | | | |
| | | | |
| | | | |
| | | | |
| | | | |
| | | | |
| | | | |
| | | | |
| | | | |
| | | | |
| | | | |
| | | | |

# Personal Expense Tracker

| Month: | | | Year: |
|---|---|---|---|
| **Date:** | **Description Of Expense:** | **Payment Type:** | **Amount:** |
| | | | |
| | | | |
| | | | |
| | | | |
| | | | |
| | | | |
| | | | |
| | | | |
| | | | |
| | | | |
| | | | |
| | | | |
| | | | |
| | | | |
| | | | |
| | | | |

# Personal Expense Tracker

| Month: | | | Year: |
|---|---|---|---|
| Date: | Description Of Expense: | Payment Type: | Amount: |
| | | | |
| | | | |
| | | | |
| | | | |
| | | | |
| | | | |
| | | | |
| | | | |
| | | | |
| | | | |
| | | | |
| | | | |
| | | | |
| | | | |
| | | | |
| | | | |
| | | | |

# Personal Expense Tracker

| Month: | | | Year: |
|---|---|---|---|
| Date: | Description Of Expense: | Payment Type: | Amount: |
| | | | |
| | | | |
| | | | |
| | | | |
| | | | |
| | | | |
| | | | |
| | | | |
| | | | |
| | | | |
| | | | |
| | | | |
| | | | |
| | | | |
| | | | |
| | | | |
| | | | |

# Personal Expense Tracker

| Month: | | | Year: |
|---|---|---|---|
| **Date:** | **Description Of Expense:** | **Payment Type:** | **Amount:** |
| | | | |
| | | | |
| | | | |
| | | | |
| | | | |
| | | | |
| | | | |
| | | | |
| | | | |
| | | | |
| | | | |
| | | | |
| | | | |
| | | | |
| | | | |
| | | | |
| | | | |

# Personal Expense Tracker

**Month:** | | **Year:**

| Date: | Description Of Expense: | Payment Type: | Amount: |
|---|---|---|---|
| | | | |
| | | | |
| | | | |
| | | | |
| | | | |
| | | | |
| | | | |
| | | | |
| | | | |
| | | | |
| | | | |
| | | | |
| | | | |
| | | | |
| | | | |
| | | | |

# Personal Expense Tracker

| Month: | | | Year: |
|---|---|---|---|
| **Date:** | **Description Of Expense:** | **Payment Type:** | **Amount:** |
| | | | |
| | | | |
| | | | |
| | | | |
| | | | |
| | | | |
| | | | |
| | | | |
| | | | |
| | | | |
| | | | |
| | | | |
| | | | |
| | | | |
| | | | |
| | | | |
| | | | |

# Personal Expense Tracker

| Month: | | | Year: |
|---|---|---|---|
| **Date:** | **Description Of Expense:** | **Payment Type:** | **Amount:** |
| | | | |
| | | | |
| | | | |
| | | | |
| | | | |
| | | | |
| | | | |
| | | | |
| | | | |
| | | | |
| | | | |
| | | | |
| | | | |
| | | | |
| | | | |
| | | | |
| | | | |

# Personal Expense Tracker

| Month: | | | Year: |
|---|---|---|---|
| **Date:** | **Description Of Expense:** | **Payment Type:** | **Amount:** |
| | | | |
| | | | |
| | | | |
| | | | |
| | | | |
| | | | |
| | | | |
| | | | |
| | | | |
| | | | |
| | | | |
| | | | |
| | | | |
| | | | |
| | | | |
| | | | |

# Personal Expense Tracker

| Month: | | | Year: |
|---|---|---|---|
| **Date:** | **Description Of Expense:** | **Payment Type:** | **Amount:** |
| | | | |
| | | | |
| | | | |
| | | | |
| | | | |
| | | | |
| | | | |
| | | | |
| | | | |
| | | | |
| | | | |
| | | | |
| | | | |
| | | | |
| | | | |
| | | | |
| | | | |

# Personal Expense Tracker

| Month: | | | Year: |
|---|---|---|---|
| **Date:** | **Description Of Expense:** | **Payment Type:** | **Amount:** |
| | | | |
| | | | |
| | | | |
| | | | |
| | | | |
| | | | |
| | | | |
| | | | |
| | | | |
| | | | |
| | | | |
| | | | |
| | | | |
| | | | |
| | | | |
| | | | |

## Personal Expense Tracker

| Month: | | | Year: |
|---|---|---|---|
| **Date:** | **Description Of Expense:** | **Payment Type:** | **Amount:** |
| | | | |
| | | | |
| | | | |
| | | | |
| | | | |
| | | | |
| | | | |
| | | | |
| | | | |
| | | | |
| | | | |
| | | | |
| | | | |
| | | | |
| | | | |
| | | | |

# Personal Expense Tracker

| Month: | | | Year: |
|---|---|---|---|
| Date: | Description Of Expense: | Payment Type: | Amount: |
| | | | |
| | | | |
| | | | |
| | | | |
| | | | |
| | | | |
| | | | |
| | | | |
| | | | |
| | | | |
| | | | |
| | | | |
| | | | |
| | | | |
| | | | |
| | | | |
| | | | |

## Personal Expense Tracker

| Month: | | | Year: |
|---|---|---|---|
| Date: | Description Of Expense: | Payment Type: | Amount: |
| | | | |
| | | | |
| | | | |
| | | | |
| | | | |
| | | | |
| | | | |
| | | | |
| | | | |
| | | | |
| | | | |
| | | | |
| | | | |
| | | | |
| | | | |
| | | | |
| | | | |

# Personal Expense Tracker

**Month:** | **Year:**

| Date: | Description Of Expense: | Payment Type: | Amount: |
|-------|------------------------|---------------|---------|
|       |                        |               |         |
|       |                        |               |         |
|       |                        |               |         |
|       |                        |               |         |
|       |                        |               |         |
|       |                        |               |         |
|       |                        |               |         |
|       |                        |               |         |
|       |                        |               |         |
|       |                        |               |         |
|       |                        |               |         |
|       |                        |               |         |
|       |                        |               |         |
|       |                        |               |         |
|       |                        |               |         |
|       |                        |               |         |
|       |                        |               |         |

# Personal Expense Tracker

| Month: | | | Year: |
|---|---|---|---|
| **Date:** | **Description Of Expense:** | **Payment Type:** | **Amount:** |
| | | | |
| | | | |
| | | | |
| | | | |
| | | | |
| | | | |
| | | | |
| | | | |
| | | | |
| | | | |
| | | | |
| | | | |
| | | | |
| | | | |
| | | | |
| | | | |

# Personal Expense Tracker

**Month:** | **Year:**

| Date: | Description Of Expense: | Payment Type: | Amount: |
|---|---|---|---|
| | | | |
| | | | |
| | | | |
| | | | |
| | | | |
| | | | |
| | | | |
| | | | |
| | | | |
| | | | |
| | | | |
| | | | |
| | | | |
| | | | |
| | | | |
| | | | |
| | | | |

# Personal Expense Tracker

**Month:** | | **Year:**

| Date: | Description Of Expense: | Payment Type: | Amount: |
|---|---|---|---|
| | | | |
| | | | |
| | | | |
| | | | |
| | | | |
| | | | |
| | | | |
| | | | |
| | | | |
| | | | |
| | | | |
| | | | |
| | | | |
| | | | |
| | | | |
| | | | |

# Personal Expense Tracker

| Month: | | | Year: |
|---|---|---|---|
| **Date:** | **Description Of Expense:** | **Payment Type:** | **Amount:** |
| | | | |
| | | | |
| | | | |
| | | | |
| | | | |
| | | | |
| | | | |
| | | | |
| | | | |
| | | | |
| | | | |
| | | | |
| | | | |
| | | | |
| | | | |
| | | | |
| | | | |

# Personal Expense Tracker

| Month: | | Year: | |
|---|---|---|---|
| **Date:** | **Description Of Expense:** | **Payment Type:** | **Amount:** |
| | | | |
| | | | |
| | | | |
| | | | |
| | | | |
| | | | |
| | | | |
| | | | |
| | | | |
| | | | |
| | | | |
| | | | |
| | | | |
| | | | |
| | | | |
| | | | |

# Personal Expense Tracker

**Month:** | **Year:**

| Date: | Description Of Expense: | Payment Type: | Amount: |
|---|---|---|---|
| | | | |
| | | | |
| | | | |
| | | | |
| | | | |
| | | | |
| | | | |
| | | | |
| | | | |
| | | | |
| | | | |
| | | | |
| | | | |
| | | | |
| | | | |
| | | | |
| | | | |

# Personal Expense Tracker

| Month: | | | Year: |
|---|---|---|---|
| **Date:** | **Description Of Expense:** | **Payment Type:** | **Amount:** |
| | | | |
| | | | |
| | | | |
| | | | |
| | | | |
| | | | |
| | | | |
| | | | |
| | | | |
| | | | |
| | | | |
| | | | |
| | | | |
| | | | |
| | | | |
| | | | |

# Personal Expense Tracker

| Month: | | Year: | |
|---|---|---|---|

| Date: | Description Of Expense: | Payment Type: | Amount: |
|---|---|---|---|
| | | | |
| | | | |
| | | | |
| | | | |
| | | | |
| | | | |
| | | | |
| | | | |
| | | | |
| | | | |
| | | | |
| | | | |
| | | | |
| | | | |
| | | | |
| | | | |
| | | | |

# Personal Expense Tracker

| Month: | | Year: | |
|---|---|---|---|
| **Date:** | **Description Of Expense:** | **Payment Type:** | **Amount:** |
| | | | |
| | | | |
| | | | |
| | | | |
| | | | |
| | | | |
| | | | |
| | | | |
| | | | |
| | | | |
| | | | |
| | | | |
| | | | |
| | | | |
| | | | |
| | | | |

# Personal Expense Tracker

| Month: | | | Year: |
|---|---|---|---|
| **Date:** | **Description Of Expense:** | **Payment Type:** | **Amount:** |
| | | | |
| | | | |
| | | | |
| | | | |
| | | | |
| | | | |
| | | | |
| | | | |
| | | | |
| | | | |
| | | | |
| | | | |
| | | | |
| | | | |
| | | | |
| | | | |
| | | | |

# Personal Expense Tracker

| Month: | | | Year: |
|---|---|---|---|
| Date: | Description Of Expense: | Payment Type: | Amount: |
| | | | |
| | | | |
| | | | |
| | | | |
| | | | |
| | | | |
| | | | |
| | | | |
| | | | |
| | | | |
| | | | |
| | | | |
| | | | |
| | | | |
| | | | |
| | | | |

# Personal Expense Tracker

**Month:** | **Year:**

| Date: | Description Of Expense: | Payment Type: | Amount: |
|-------|------------------------|---------------|---------|
|       |                        |               |         |
|       |                        |               |         |
|       |                        |               |         |
|       |                        |               |         |
|       |                        |               |         |
|       |                        |               |         |
|       |                        |               |         |
|       |                        |               |         |
|       |                        |               |         |
|       |                        |               |         |
|       |                        |               |         |
|       |                        |               |         |
|       |                        |               |         |
|       |                        |               |         |
|       |                        |               |         |
|       |                        |               |         |
|       |                        |               |         |

# Personal Expense Tracker

| Month: | | | Year: |
|---|---|---|---|
| **Date:** | **Description Of Expense:** | **Payment Type:** | **Amount:** |
| | | | |
| | | | |
| | | | |
| | | | |
| | | | |
| | | | |
| | | | |
| | | | |
| | | | |
| | | | |
| | | | |
| | | | |
| | | | |
| | | | |
| | | | |
| | | | |

# Personal Expense Tracker

| Month: | | | Year: |
|---|---|---|---|
| Date: | Description Of Expense: | Payment Type: | Amount: |
| | | | |
| | | | |
| | | | |
| | | | |
| | | | |
| | | | |
| | | | |
| | | | |
| | | | |
| | | | |
| | | | |
| | | | |
| | | | |
| | | | |
| | | | |
| | | | |
| | | | |

## Personal Expense Tracker

| Month: | | | Year: |
|---|---|---|---|
| **Date:** | **Description Of Expense:** | **Payment Type:** | **Amount:** |
| | | | |
| | | | |
| | | | |
| | | | |
| | | | |
| | | | |
| | | | |
| | | | |
| | | | |
| | | | |
| | | | |
| | | | |
| | | | |
| | | | |
| | | | |
| | | | |
| | | | |

# Personal Expense Tracker

**Month:** | | **Year:**

| Date: | Description Of Expense: | Payment Type: | Amount: |
|---|---|---|---|
| | | | |
| | | | |
| | | | |
| | | | |
| | | | |
| | | | |
| | | | |
| | | | |
| | | | |
| | | | |
| | | | |
| | | | |
| | | | |
| | | | |
| | | | |
| | | | |
| | | | |

# Personal Expense Tracker

| Month: | | | Year: |
|--------|--|--|-------|

| Date: | Description Of Expense: | Payment Type: | Amount: |
|-------|------------------------|---------------|---------|
|       |                        |               |         |
|       |                        |               |         |
|       |                        |               |         |
|       |                        |               |         |
|       |                        |               |         |
|       |                        |               |         |
|       |                        |               |         |
|       |                        |               |         |
|       |                        |               |         |
|       |                        |               |         |
|       |                        |               |         |
|       |                        |               |         |
|       |                        |               |         |
|       |                        |               |         |
|       |                        |               |         |
|       |                        |               |         |

# Personal Expense Tracker

| Month: | | | Year: |
|---|---|---|---|
| **Date:** | **Description Of Expense:** | **Payment Type:** | **Amount:** |
| | | | |
| | | | |
| | | | |
| | | | |
| | | | |
| | | | |
| | | | |
| | | | |
| | | | |
| | | | |
| | | | |
| | | | |
| | | | |
| | | | |
| | | | |
| | | | |

# Personal Expense Tracker

| Month: | | | Year: |
|---|---|---|---|
| **Date:** | **Description Of Expense:** | **Payment Type:** | **Amount:** |
| | | | |
| | | | |
| | | | |
| | | | |
| | | | |
| | | | |
| | | | |
| | | | |
| | | | |
| | | | |
| | | | |
| | | | |
| | | | |
| | | | |
| | | | |
| | | | |

# Personal Expense Tracker

**Month:** | **Year:**

| Date: | Description Of Expense: | Payment Type: | Amount: |
|---|---|---|---|
| | | | |
| | | | |
| | | | |
| | | | |
| | | | |
| | | | |
| | | | |
| | | | |
| | | | |
| | | | |
| | | | |
| | | | |
| | | | |
| | | | |
| | | | |
| | | | |
| | | | |

# Personal Expense Tracker

**Month:** | **Year:**

| Date: | Description Of Expense: | Payment Type: | Amount: |
|---|---|---|---|
| | | | |
| | | | |
| | | | |
| | | | |
| | | | |
| | | | |
| | | | |
| | | | |
| | | | |
| | | | |
| | | | |
| | | | |
| | | | |
| | | | |
| | | | |
| | | | |

# Personal Expense Tracker

**Month:** | **Year:**

| Date: | Description Of Expense: | Payment Type: | Amount: |
|-------|------------------------|---------------|---------|
|       |                        |               |         |
|       |                        |               |         |
|       |                        |               |         |
|       |                        |               |         |
|       |                        |               |         |
|       |                        |               |         |
|       |                        |               |         |
|       |                        |               |         |
|       |                        |               |         |
|       |                        |               |         |
|       |                        |               |         |
|       |                        |               |         |
|       |                        |               |         |
|       |                        |               |         |
|       |                        |               |         |
|       |                        |               |         |
|       |                        |               |         |

# Personal Expense Tracker

**Month:**                                         **Year:**

| Date: | Description Of Expense: | Payment Type: | Amount: |
|-------|-------------------------|---------------|---------|
|       |                         |               |         |
|       |                         |               |         |
|       |                         |               |         |
|       |                         |               |         |
|       |                         |               |         |
|       |                         |               |         |
|       |                         |               |         |
|       |                         |               |         |
|       |                         |               |         |
|       |                         |               |         |
|       |                         |               |         |
|       |                         |               |         |
|       |                         |               |         |
|       |                         |               |         |
|       |                         |               |         |
|       |                         |               |         |
|       |                         |               |         |

# Personal Expense Tracker

| Month: | | | Year: |
|---|---|---|---|
| **Date:** | **Description Of Expense:** | **Payment Type:** | **Amount:** |
| | | | |
| | | | |
| | | | |
| | | | |
| | | | |
| | | | |
| | | | |
| | | | |
| | | | |
| | | | |
| | | | |
| | | | |
| | | | |
| | | | |
| | | | |
| | | | |

# Personal Expense Tracker

| Month: | | | Year: |
|---|---|---|---|
| Date: | Description Of Expense: | Payment Type: | Amount: |
| | | | |
| | | | |
| | | | |
| | | | |
| | | | |
| | | | |
| | | | |
| | | | |
| | | | |
| | | | |
| | | | |
| | | | |
| | | | |
| | | | |
| | | | |
| | | | |
| | | | |

# Personal Expense Tracker

| Month: | | | Year: |
|---|---|---|---|
| **Date:** | **Description Of Expense:** | **Payment Type:** | **Amount:** |
| | | | |
| | | | |
| | | | |
| | | | |
| | | | |
| | | | |
| | | | |
| | | | |
| | | | |
| | | | |
| | | | |
| | | | |
| | | | |
| | | | |
| | | | |
| | | | |

# Personal Expense Tracker

**Month:**                                  **Year:**

| Date: | Description Of Expense: | Payment Type: | Amount: |
|---|---|---|---|
| | | | |
| | | | |
| | | | |
| | | | |
| | | | |
| | | | |
| | | | |
| | | | |
| | | | |
| | | | |
| | | | |
| | | | |
| | | | |
| | | | |
| | | | |
| | | | |
| | | | |

# Personal Expense Tracker

| Month: | | Year: | |
|---|---|---|---|
| **Date:** | **Description Of Expense:** | **Payment Type:** | **Amount:** |
| | | | |
| | | | |
| | | | |
| | | | |
| | | | |
| | | | |
| | | | |
| | | | |
| | | | |
| | | | |
| | | | |
| | | | |
| | | | |
| | | | |
| | | | |
| | | | |
| | | | |

# Personal Expense Tracker

**Month:** | **Year:**

| Date: | Description Of Expense: | Payment Type: | Amount: |
|-------|------------------------|---------------|---------|
|       |                        |               |         |
|       |                        |               |         |
|       |                        |               |         |
|       |                        |               |         |
|       |                        |               |         |
|       |                        |               |         |
|       |                        |               |         |
|       |                        |               |         |
|       |                        |               |         |
|       |                        |               |         |
|       |                        |               |         |
|       |                        |               |         |
|       |                        |               |         |
|       |                        |               |         |
|       |                        |               |         |
|       |                        |               |         |
|       |                        |               |         |

# Personal Expense Tracker

**Month:** | | **Year:**

| Date: | Description Of Expense: | Payment Type: | Amount: |
|---|---|---|---|
| | | | |
| | | | |
| | | | |
| | | | |
| | | | |
| | | | |
| | | | |
| | | | |
| | | | |
| | | | |
| | | | |
| | | | |
| | | | |
| | | | |
| | | | |
| | | | |

# Personal Expense Tracker

| Month: | | | Year: |
|---|---|---|---|
| Date: | Description Of Expense: | Payment Type: | Amount: |
| | | | |
| | | | |
| | | | |
| | | | |
| | | | |
| | | | |
| | | | |
| | | | |
| | | | |
| | | | |
| | | | |
| | | | |
| | | | |
| | | | |
| | | | |
| | | | |
| | | | |

# Personal Expense Tracker

**Month:**                                             **Year:**

| Date: | Description Of Expense: | Payment Type: | Amount: |
|-------|-------------------------|---------------|---------|
|       |                         |               |         |
|       |                         |               |         |
|       |                         |               |         |
|       |                         |               |         |
|       |                         |               |         |
|       |                         |               |         |
|       |                         |               |         |
|       |                         |               |         |
|       |                         |               |         |
|       |                         |               |         |
|       |                         |               |         |
|       |                         |               |         |
|       |                         |               |         |
|       |                         |               |         |
|       |                         |               |         |
|       |                         |               |         |
|       |                         |               |         |

# Personal Expense Tracker

**Month:** | **Year:**

| Date: | Description Of Expense: | Payment Type: | Amount: |
|-------|------------------------|---------------|---------|
|       |                        |               |         |
|       |                        |               |         |
|       |                        |               |         |
|       |                        |               |         |
|       |                        |               |         |
|       |                        |               |         |
|       |                        |               |         |
|       |                        |               |         |
|       |                        |               |         |
|       |                        |               |         |
|       |                        |               |         |
|       |                        |               |         |
|       |                        |               |         |
|       |                        |               |         |
|       |                        |               |         |
|       |                        |               |         |
|       |                        |               |         |

# Personal Expense Tracker

**Month:** | **Year:**

| Date: | Description Of Expense: | Payment Type: | Amount: |
|---|---|---|---|
| | | | |
| | | | |
| | | | |
| | | | |
| | | | |
| | | | |
| | | | |
| | | | |
| | | | |
| | | | |
| | | | |
| | | | |
| | | | |
| | | | |
| | | | |
| | | | |
| | | | |

# Personal Expense Tracker

| Month: | | | Year: |
|---|---|---|---|
| Date: | Description Of Expense: | Payment Type: | Amount: |
|  |  |  |  |
|  |  |  |  |
|  |  |  |  |
|  |  |  |  |
|  |  |  |  |
|  |  |  |  |
|  |  |  |  |
|  |  |  |  |
|  |  |  |  |
|  |  |  |  |
|  |  |  |  |
|  |  |  |  |
|  |  |  |  |
|  |  |  |  |
|  |  |  |  |
|  |  |  |  |
|  |  |  |  |

# Personal Expense Tracker

| Month: | | | Year: |
|---|---|---|---|
| **Date:** | **Description Of Expense:** | **Payment Type:** | **Amount:** |
| | | | |
| | | | |
| | | | |
| | | | |
| | | | |
| | | | |
| | | | |
| | | | |
| | | | |
| | | | |
| | | | |
| | | | |
| | | | |
| | | | |
| | | | |
| | | | |

# Personal Expense Tracker

| Month: | | | Year: |
|---|---|---|---|
| Date: | Description Of Expense: | Payment Type: | Amount: |
| | | | |
| | | | |
| | | | |
| | | | |
| | | | |
| | | | |
| | | | |
| | | | |
| | | | |
| | | | |
| | | | |
| | | | |
| | | | |
| | | | |
| | | | |
| | | | |
| | | | |

# Personal Expense Tracker

| Month: | | | Year: |
|---|---|---|---|
| Date: | Description Of Expense: | Payment Type: | Amount: |
| | | | |
| | | | |
| | | | |
| | | | |
| | | | |
| | | | |
| | | | |
| | | | |
| | | | |
| | | | |
| | | | |
| | | | |
| | | | |
| | | | |
| | | | |
| | | | |
| | | | |

## Personal Expense Tracker

| Month: | | | Year: |
|---|---|---|---|
| **Date:** | **Description Of Expense:** | **Payment Type:** | **Amount:** |
| | | | |
| | | | |
| | | | |
| | | | |
| | | | |
| | | | |
| | | | |
| | | | |
| | | | |
| | | | |
| | | | |
| | | | |
| | | | |
| | | | |
| | | | |
| | | | |

## Personal Expense Tracker

| Month: | | | Year: |
|---|---|---|---|
| **Date:** | **Description Of Expense:** | **Payment Type:** | **Amount:** |
| | | | |
| | | | |
| | | | |
| | | | |
| | | | |
| | | | |
| | | | |
| | | | |
| | | | |
| | | | |
| | | | |
| | | | |
| | | | |
| | | | |
| | | | |
| | | | |
| | | | |

# Personal Expense Tracker

| Month: | | | Year: |
|---|---|---|---|
| Date: | Description Of Expense: | Payment Type: | Amount: |
| | | | |
| | | | |
| | | | |
| | | | |
| | | | |
| | | | |
| | | | |
| | | | |
| | | | |
| | | | |
| | | | |
| | | | |
| | | | |
| | | | |
| | | | |
| | | | |

## Personal Expense Tracker

| Month: | | | Year: |
|---|---|---|---|
| **Date:** | **Description Of Expense:** | **Payment Type:** | **Amount:** |
| | | | |
| | | | |
| | | | |
| | | | |
| | | | |
| | | | |
| | | | |
| | | | |
| | | | |
| | | | |
| | | | |
| | | | |
| | | | |
| | | | |
| | | | |
| | | | |
| | | | |

# Personal Expense Tracker

| Month: | | | Year: |
|---|---|---|---|
| Date: | Description Of Expense: | Payment Type: | Amount: |
| | | | |
| | | | |
| | | | |
| | | | |
| | | | |
| | | | |
| | | | |
| | | | |
| | | | |
| | | | |
| | | | |
| | | | |
| | | | |
| | | | |
| | | | |
| | | | |
| | | | |

# Personal Expense Tracker

**Month:**                                    **Year:**

| Date: | Description Of Expense: | Payment Type: | Amount: |
|-------|-------------------------|---------------|---------|
|       |                         |               |         |
|       |                         |               |         |
|       |                         |               |         |
|       |                         |               |         |
|       |                         |               |         |
|       |                         |               |         |
|       |                         |               |         |
|       |                         |               |         |
|       |                         |               |         |
|       |                         |               |         |
|       |                         |               |         |
|       |                         |               |         |
|       |                         |               |         |
|       |                         |               |         |
|       |                         |               |         |
|       |                         |               |         |
|       |                         |               |         |

# Personal Expense Tracker

| Month: | | | Year: |
|---|---|---|---|
| Date: | Description Of Expense: | Payment Type: | Amount: |
| | | | |
| | | | |
| | | | |
| | | | |
| | | | |
| | | | |
| | | | |
| | | | |
| | | | |
| | | | |
| | | | |
| | | | |
| | | | |
| | | | |
| | | | |
| | | | |

# Personal Expense Tracker

**Month:**                              **Year:**

| Date: | Description Of Expense: | Payment Type: | Amount: |
|---|---|---|---|
| | | | |
| | | | |
| | | | |
| | | | |
| | | | |
| | | | |
| | | | |
| | | | |
| | | | |
| | | | |
| | | | |
| | | | |
| | | | |
| | | | |
| | | | |
| | | | |

# Personal Expense Tracker

**Month:**                                    **Year:**

| Date: | Description Of Expense: | Payment Type: | Amount: |
|---|---|---|---|
|  |  |  |  |
|  |  |  |  |
|  |  |  |  |
|  |  |  |  |
|  |  |  |  |
|  |  |  |  |
|  |  |  |  |
|  |  |  |  |
|  |  |  |  |
|  |  |  |  |
|  |  |  |  |
|  |  |  |  |
|  |  |  |  |
|  |  |  |  |
|  |  |  |  |
|  |  |  |  |

## Personal Expense Tracker

| Month: | | | Year: |
|---|---|---|---|
| **Date:** | **Description Of Expense:** | **Payment Type:** | **Amount:** |
| | | | |
| | | | |
| | | | |
| | | | |
| | | | |
| | | | |
| | | | |
| | | | |
| | | | |
| | | | |
| | | | |
| | | | |
| | | | |
| | | | |
| | | | |
| | | | |

# Personal Expense Tracker

**Month:** | **Year:**

| Date: | Description Of Expense: | Payment Type: | Amount: |
|-------|------------------------|---------------|---------|
|       |                        |               |         |
|       |                        |               |         |
|       |                        |               |         |
|       |                        |               |         |
|       |                        |               |         |
|       |                        |               |         |
|       |                        |               |         |
|       |                        |               |         |
|       |                        |               |         |
|       |                        |               |         |
|       |                        |               |         |
|       |                        |               |         |
|       |                        |               |         |
|       |                        |               |         |
|       |                        |               |         |
|       |                        |               |         |
|       |                        |               |         |

# Personal Expense Tracker

**Month:** | **Year:**

| Date: | Description Of Expense: | Payment Type: | Amount: |
|---|---|---|---|
| | | | |
| | | | |
| | | | |
| | | | |
| | | | |
| | | | |
| | | | |
| | | | |
| | | | |
| | | | |
| | | | |
| | | | |
| | | | |
| | | | |
| | | | |
| | | | |
| | | | |
| | | | |

# Personal Expense Tracker

**Month:** | **Year:**

| Date: | Description Of Expense: | Payment Type: | Amount: |
|---|---|---|---|
| | | | |
| | | | |
| | | | |
| | | | |
| | | | |
| | | | |
| | | | |
| | | | |
| | | | |
| | | | |
| | | | |
| | | | |
| | | | |
| | | | |
| | | | |
| | | | |

# Personal Expense Tracker

| Month: | | | Year: |
|---|---|---|---|
| **Date:** | **Description Of Expense:** | **Payment Type:** | **Amount:** |
| | | | |
| | | | |
| | | | |
| | | | |
| | | | |
| | | | |
| | | | |
| | | | |
| | | | |
| | | | |
| | | | |
| | | | |
| | | | |
| | | | |
| | | | |
| | | | |
| | | | |

# Personal Expense Tracker

| Month: | | | Year: |
|---|---|---|---|
| **Date:** | **Description Of Expense:** | **Payment Type:** | **Amount:** |
| | | | |
| | | | |
| | | | |
| | | | |
| | | | |
| | | | |
| | | | |
| | | | |
| | | | |
| | | | |
| | | | |
| | | | |
| | | | |
| | | | |
| | | | |
| | | | |

## Personal Expense Tracker

| Month: | | | Year: |
|---|---|---|---|
| Date: | Description Of Expense: | Payment Type: | Amount: |
| | | | |
| | | | |
| | | | |
| | | | |
| | | | |
| | | | |
| | | | |
| | | | |
| | | | |
| | | | |
| | | | |
| | | | |
| | | | |
| | | | |
| | | | |
| | | | |
| | | | |

# Personal Expense Tracker

| Month: | | | Year: |
|---|---|---|---|
| **Date:** | **Description Of Expense:** | **Payment Type:** | **Amount:** |
| | | | |
| | | | |
| | | | |
| | | | |
| | | | |
| | | | |
| | | | |
| | | | |
| | | | |
| | | | |
| | | | |
| | | | |
| | | | |
| | | | |
| | | | |
| | | | |
| | | | |

# Personal Expense Tracker

| Month: | | | Year: |
|---|---|---|---|
| **Date:** | **Description Of Expense:** | **Payment Type:** | **Amount:** |
| | | | |
| | | | |
| | | | |
| | | | |
| | | | |
| | | | |
| | | | |
| | | | |
| | | | |
| | | | |
| | | | |
| | | | |
| | | | |
| | | | |
| | | | |
| | | | |
| | | | |
| | | | |

# Personal Expense Tracker

| Month: | | Year: | |
|---|---|---|---|
| Date: | Description Of Expense: | Payment Type: | Amount: |
| | | | |
| | | | |
| | | | |
| | | | |
| | | | |
| | | | |
| | | | |
| | | | |
| | | | |
| | | | |
| | | | |
| | | | |
| | | | |
| | | | |
| | | | |
| | | | |
| | | | |

# Personal Expense Tracker

**Month:** | **Year:**

| Date: | Description Of Expense: | Payment Type: | Amount: |
|-------|------------------------|---------------|---------|
|       |                        |               |         |
|       |                        |               |         |
|       |                        |               |         |
|       |                        |               |         |
|       |                        |               |         |
|       |                        |               |         |
|       |                        |               |         |
|       |                        |               |         |
|       |                        |               |         |
|       |                        |               |         |
|       |                        |               |         |
|       |                        |               |         |
|       |                        |               |         |
|       |                        |               |         |
|       |                        |               |         |
|       |                        |               |         |
|       |                        |               |         |

# Personal Expense Tracker

| Month: | | | Year: |
|--------|--------------------------|---------------|---------|
| Date: | Description Of Expense: | Payment Type: | Amount: |
| | | | |
| | | | |
| | | | |
| | | | |
| | | | |
| | | | |
| | | | |
| | | | |
| | | | |
| | | | |
| | | | |
| | | | |
| | | | |
| | | | |
| | | | |
| | | | |
| | | | |

## Personal Expense Tracker

| Month: | | | Year: |
|---|---|---|---|
| Date: | Description Of Expense: | Payment Type: | Amount: |
| | | | |
| | | | |
| | | | |
| | | | |
| | | | |
| | | | |
| | | | |
| | | | |
| | | | |
| | | | |
| | | | |
| | | | |
| | | | |
| | | | |
| | | | |
| | | | |
| | | | |

# Personal Expense Tracker

| Month: | | | Year: |
|---|---|---|---|
| **Date:** | **Description Of Expense:** | **Payment Type:** | **Amount:** |
| | | | |
| | | | |
| | | | |
| | | | |
| | | | |
| | | | |
| | | | |
| | | | |
| | | | |
| | | | |
| | | | |
| | | | |
| | | | |
| | | | |
| | | | |
| | | | |

# Personal Expense Tracker

**Month:** | **Year:**

| Date: | Description Of Expense: | Payment Type: | Amount: |
|-------|------------------------|---------------|---------|
|       |                        |               |         |
|       |                        |               |         |
|       |                        |               |         |
|       |                        |               |         |
|       |                        |               |         |
|       |                        |               |         |
|       |                        |               |         |
|       |                        |               |         |
|       |                        |               |         |
|       |                        |               |         |
|       |                        |               |         |
|       |                        |               |         |
|       |                        |               |         |
|       |                        |               |         |
|       |                        |               |         |
|       |                        |               |         |
|       |                        |               |         |

# Personal Expense Tracker

| Month: | | | Year: |
|--------|---|---|--------|
| Date: | Description Of Expense: | Payment Type: | Amount: |
| | | | |
| | | | |
| | | | |
| | | | |
| | | | |
| | | | |
| | | | |
| | | | |
| | | | |
| | | | |
| | | | |
| | | | |
| | | | |
| | | | |
| | | | |
| | | | |
| | | | |

# Personal Expense Tracker

| Month: | | | Year: |
|---|---|---|---|
| **Date:** | **Description Of Expense:** | **Payment Type:** | **Amount:** |
| | | | |
| | | | |
| | | | |
| | | | |
| | | | |
| | | | |
| | | | |
| | | | |
| | | | |
| | | | |
| | | | |
| | | | |
| | | | |
| | | | |
| | | | |
| | | | |

# Personal Expense Tracker

**Month:** | **Year:**

| Date: | Description Of Expense: | Payment Type: | Amount: |
|---|---|---|---|
| | | | |
| | | | |
| | | | |
| | | | |
| | | | |
| | | | |
| | | | |
| | | | |
| | | | |
| | | | |
| | | | |
| | | | |
| | | | |
| | | | |
| | | | |
| | | | |
| | | | |

# Personal Expense Tracker

| Month: | | | Year: |
|--------|--------------------------|---------------|---------|
| **Date:** | **Description Of Expense:** | **Payment Type:** | **Amount:** |
| | | | |
| | | | |
| | | | |
| | | | |
| | | | |
| | | | |
| | | | |
| | | | |
| | | | |
| | | | |
| | | | |
| | | | |
| | | | |
| | | | |
| | | | |
| | | | |
| | | | |

# Personal Expense Tracker

| Month: | | | Year: |
|---|---|---|---|
| **Date:** | **Description Of Expense:** | **Payment Type:** | **Amount:** |
| | | | |
| | | | |
| | | | |
| | | | |
| | | | |
| | | | |
| | | | |
| | | | |
| | | | |
| | | | |
| | | | |
| | | | |
| | | | |
| | | | |
| | | | |
| | | | |
| | | | |

# Personal Expense Tracker

**Month:**                            **Year:**

| Date: | Description Of Expense: | Payment Type: | Amount: |
|---|---|---|---|
|  |  |  |  |
|  |  |  |  |
|  |  |  |  |
|  |  |  |  |
|  |  |  |  |
|  |  |  |  |
|  |  |  |  |
|  |  |  |  |
|  |  |  |  |
|  |  |  |  |
|  |  |  |  |
|  |  |  |  |
|  |  |  |  |
|  |  |  |  |
|  |  |  |  |
|  |  |  |  |
|  |  |  |  |

Made in the USA
Monee, IL
18 June 2022

98245603R00069